VERIRRT IM OZEAN DER AGILITÄT

von René Schröder

Über den Autor

René Schröder ist ein visionärer Vordenker und Pionier im Bereich der agilen Transformation und Produktentwicklung. Als Erfinder der 3R-Methode (*Tue das Richtige zur richtigen Zeit in der richtigen Art und Weise*) und des Imperfect Product Paradigms (IPP) hat er innovative Ansätze geschaffen, die Unternehmen weltweit dabei unterstützen, in dynamischen Märkten erfolgreich zu agieren.

Obwohl René Schröder bereits mehrere Bücher veröffentlicht hat und für namhafte Verlage schreibt, markiert *Verirrt im Ozean der Agilität* den Beginn seiner 3R-Buchreihe. Dieses Buch ist das erste einer Serie, die sich eingehend mit seinen bahnbrechenden Methoden befasst. *Verirrt im Ozean der Agilität* legt den Fokus auf die Bedeutung der agilen Transformation als unverzichtbares Fundament für erfolgreiche Produktentwicklung – ein Thema, das in den folgenden Bänden über das Imperfect Product Paradigm (IPP) und die 3R/PD-Methode vertieft wird.

Die 3R/PD-Methode, die in den kommenden Büchern ausführlich behandelt wird, ist ein zentrales Element von Schröders Ansatz. Sie bietet einen strukturierten Rahmen, um sicherzustellen, dass Unternehmen das richtige Produkt zur richtigen Zeit auf die richtige Weise zum Kunden bringen. Durch die Integration agiler Prinzipien in die Produktentwicklung unterstützt die 3R/PD-Methode Unternehmen dabei, Produkte zu entwickeln, die nicht nur den Marktanforderungen gerecht werden, sondern auch effektiv und effizient umgesetzt werden können.

Mit über zwei Jahrzehnten Erfahrung als Agile Coach, Autor und Keynote-Sprecher hat René Schröder zahlreiche maßgeschneiderte agile Strategien für Unternehmen entwickelt. Seine pragmatische Herangehensweise, die agile Transformation als Basis für nachhaltigen Produkterfolg sieht, kombiniert mit einem tiefen Verständnis für die Einzigartigkeit jedes Unternehmens, macht ihn zu einem der führenden Experten auf dem Gebiet der Agilität und Produktentwicklung.

Twitter	
Instagram	
Youtube	
LinkedIn	
Blog	

VERIRRT IM OZEAN DER AGILITÄT

Segeln gegen den Strom
Wie man den Nebel der Agilität durchbricht
und Kurs hält

René Schröder

1. Auflage, 50.2024

© 2024 Autor: René Schröder

Illustrationen: René Schröder

Buchcover: Valentina P.

– alle Rechte vorbehalten.

RegSus Consulting GmbH, München

r.schroeder@regsus.de

Inhalt

Danksagung

An meine geliebte Frau Julia,

Deine unaufhörliche Unterstützung, Deine Weisheit und Deine bedingungslose Liebe sind der Kompass, der mich durch die stürmischsten Gewässer führt. In den unzähligen Stunden, in denen ich mich in die Tiefen der Agilität versenkte, warst Du mein Anker, der mich fest in der Realität verankerte und gleichzeitig meine Segel mit Inspiration und Mut füllte. Ohne Deine Stärke und Dein Verständnis wäre diese Reise ins Ungewisse nicht möglich gewesen. Du bist mehr als meine Lebenspartnerin; Du bist die stille Kraft hinter jedem Wort, das ich schreibe.

An meine Kinder, Jason und Jasmin,

Ihr seid die Sterne in meiner dunkelsten Nacht, die mich stets daran erinnern, warum ich diese Reise überhaupt angetreten habe. Eure kindliche Neugier und Euer unbändiger Optimismus haben mich immer wieder daran erinnert, dass das größte Abenteuer nicht darin besteht, neue Welten zu entdecken, sondern darin, die Welt durch Eure Augen zu sehen. Euer Lachen und Eure Freude sind meine tägliche Erinnerung daran, dass der wahre Schatz des Lebens in den kleinen Momenten verborgen liegt, die wir gemeinsam verbringen.

In Liebe und Dankbarkeit

Vorwort von Klaus Leopold

Ich habe das große Vergnügen, ein kurzes Vorwort zum kurzen Buch "VERIRRT IM OZEAN DER AGILI- TÄT" von René Schröder zu schreiben. Ich kenne René schon länger durch seine bekannten "Panda Stories", eine ausdrucksstarke Reihe von Comics, die die komplexe Thematik der Agilität auf eine einfache und unterhaltsame Weise darstellt. Ich hatte sogar die Ehre, selbst Teil dieser Stories zu werden und Lese- rinnen und Lesern das Konzept der "Flight Levels" näher zu bringen.

Die Zeit mit René, bei der Erstellung der Panda Stories, war leichtfüßig und erfrischend: Wir haben per WhatsApp einen Dialog geführt und René hat die- sen Dialog dann in einen Comic verwandelt. Ich konn- te es nach der WhatsApp-Session kaum erwarten, das fertige Resultat zu sehen?

Jetzt begibt sich René auf eine neue kreative Rei- se. Statt mit Bildern zu arbeiten, erklärt er die Prinzipien der Agilität mit maritimen Geschichten in seinem Kurz-Buch. Natürlich, ohne Bilder könnte man sich denken, dass etwas fehlt. Und hier kommt der Clou: Die Worte und Erzählungen sind so lebendig und anschaulich, dass Ihr auf jeder Seite eure eigenen Bilder im Kopf kreieren werdet.

Ich kann versichern: Es ist ein echtes Vergnügen, Renés Gedanken zu folgen und durch seine Worte eigene Vorstellungen zu entwickeln. Viel Spaß beim Lesen dieses außergewöhnlichen Buches und beim Malen eurer eigenen, lebendigen Bilder.

Schiff ahoi!
Klaus Leopold
Flight Levels - Be the pilot of your success!

Vorwort von Javier Rodriguez Gonzalez

Als Partner eines globalen Beratungsunternehmens hatte ich das Privileg, mit einer Vielzahl von Kunden aus einer Vielzahl von Branchen in verschiedenen Regionen der Welt zusammenzuarbeiten. Da ich selbst verschiedene Kulturen in mehreren Ländern kennengelernt und mehrere Höhen und Tiefen des globalen Kapitalmarkts durchlebt habe, verfüge ich über ein breites und tiefes Verständnis für die Herausforderungen, Chancen und Fallstricke der heutigen Wirtschaft.

Während meiner gesamten beruflichen Laufbahn habe ich mich dem Streben nach Wissen gewidmet, unterschiedliche Perspektiven verstanden und meine eigenen Ansichten mit denen von Experten anderer Disziplinen und anderer Problemlösungsansätze ergänzt. In diesem Zusammenhang lernte ich vor einigen Jahren René Schröder kennen. Ich bin stolz darauf, ihn heute als einen echten Freund und hervorragenden Experten zu betrachten, und freue mich daher besonders, das Vorwort zu seinem neuesten Buch „Verirrt im Ozean der Agilität" zu schreiben.

In meiner derzeitigen Funktion unterstütze ich zahlreiche internationale Unternehmen und private Kapitalgesellschaften dabei, die stürmische See der sich ständig verändernden Märkte, der sich wandelnden Technologien und der immer komplexeren menschlichen Organisationen zu navigieren. Die in diesem Buch beschriebenen Prinzipien und Einsichten spiegeln die realen Situationen wider, mit denen sich heutige Unternehmen konfrontiert sehen. Dabei wird auf rein theoretische Rahmen verzichtet und der Schwerpunkt auf die Umsetzung von Agilität gelegt, um die Art und Weise zu verändern, wie Sie den Markt, Ihr Produkt und Ihre Mitarbeiter betrachten. Die Metapher der „3 Wege zum Glück" umfasst Verhaltensweisen, die ich zu oft auf dem Markt gesehen habe, nämlich die von Unternehmen, die an veralteten Lösungsplänen festhalten, die versuchen, ein Schiff aus den disparaten Teilen, die sie zur Hand haben, zusammenzusetzen und ohne klare Richtung oder Ziel in die Nacht zu segeln.

„Verirrt im Ozean der Agilität" bietet nicht nur eine umfassende Analyse der Fallstricke, in die sich Unternehmen auf ihrem Weg zur Agilität begeben, sondern liefert auch praktische Strategien und umsetzbare Lösungen, die ich für unerlässlich halte, um wirklich nachhaltige Veränderungen und greifbare Ergebnisse zu erzielen. Die Fähigkeit, „im Sturm zu tanzen", wie René es ausdrückt, ist eine schwer zu beherrschende Kunst, die in der Regel große Führungspersönlichkeiten auszeichnet, die immer wieder Erfolg haben, indem sie die quälenden Governance-Kontrollen der heutigen Organisationen aufgeben und stattdessen eine Kultur der Anpassungsfähigkeit, der Widerstandsfähigkeit und des kontinuierlichen Lernens kultivieren. Denn in einem Markt, der immer unübersichtlicher, komplexer und schneller wird, kann die Lösung nicht darin bestehen, strengere und präskriptivere Rahmenregelungen einzuführen, sondern darin, sich schneller und weniger traumatisch an neue Umstände anzupassen. Lächeln Sie im Sturm, denn Ihr Können ist das der rauen Gewässer und der wendigen Schiffe.

Ich habe selbst erlebt, wie die Umsetzung der in diesem Buch beschriebenen Ideen Organisationen geholfen hat, im Zeitalter des Wandels nicht nur zu überleben, sondern vor allem zu gedeihen, indem sie die natürliche Unberechenbarkeit des Marktes annehmen und zu ihrem eigenen Vorteil nutzen. „Verirrt im Ozean der Agilität" ist daher mehr als eine Wirtschaftslektüre, es ist ein unverzichtbarer Leitfaden für jeden, der in der heutigen volatilen Geschäftswelt wachsen will, und zwar nicht dadurch, dass er straffer als andere operiert, sondern dadurch, dass er besser darin wird, das richtige Produkt zur richtigen Zeit für den richtigen Kunden zu entwickeln.

Ich kann dieses Buch allen Führungskräften und Organisationen, die sich auf die manchmal beängstigende, aber immer lohnenswerte Reise der agilen Transformation begeben, nur wärmstens empfehlen. Mögen Sie die in diesem Buch beschriebenen Erkenntnisse und Strategien nutzen, um Ihren eigenen Kurs zu bestimmen, und mögen Sie die Wellen des Wandels navigieren, die Sie zu Ihrem gewünschten Ziel führen. Ich möchte Ihnen eines meiner Lieblingszitate mit auf den Weg geben, wenn Sie eine Transformationsreise beginnen, ein Zitat, das dem Führungsteam in der Regel die richtige Richtung weist: „Das Geheimnis des Wandels besteht darin, dass man seine ganze Energie nicht darauf verwendet, das Alte zu bekämpfen, sondern das Neue aufzubauen", Sokrates.

Ich hoffe, Sie haben die Lektüre genauso genossen wie ich, und ich danke meinem guten Freund René dafür, dass er mir erlaubt hat, diese Worte zu schreiben. Du bist und bleibst ein Leuchtfeuer der Agilität in einer Welt der Unveränderlichkeit und ein außergewöhnlicher Mensch.

Mit freundlichen Grüßen
Javier Rodriguez
Global Head of Value Creation, KPMG International

Einleitung

Willkommen an Bord der "Agilität", dem Schiff, das uns durch die stürmischen Gewässer des modernen Geschäftslebens führen wird. Ich bin René Schröder, Ihr Kapitän auf dieser Reise, und ich lade Sie ein, mit mir die Segel zu setzen auf eine Entdeckungsfahrt, die die Art und Weise, wie Sie denken, arbeiten und führen, für immer verändern wird.

Sie, die mutigen Seefahrer der Wirtschaftswelt, die Führungskräfte, Projektmanager und Teams, die sich nicht mit dem Status quo zufriedengeben, sind hier genau richtig. Sie sind die Innovatoren und Pioniere, die bereit sind, die alten Karten zu entfalten und neue Horizonte zu erkunden. Sie wissen, dass echte Agilität mehr ist als ein Schlagwort – es ist eine Lebensweise, eine Kunst, die es zu meistern gilt.

In meinem Buch "Verirrt im Ozean der Agilität" nehme ich Sie mit auf eine Reise durch die drei Pfade der Agilität. Wir werden die präzisen Karten, die eine

Illusion der Kontrolle versprechen, hinter uns lassen; wir werden das zusammengesetzte Schiff, das Wolpertinger, das aus Verzweiflung und falschen Annahmen gebaut wurde, überwinden; und wir werden die geheime Expedition entlarven, die mehr von Hoffnung als von Klarheit getrieben wird.

Bereiten Sie sich darauf vor, in die Tiefen der agilen Philosophie einzutauchen, wo Sie lernen werden, dass der wahre Schatz nicht das Erreichen eines festen Ziels ist, sondern die Reise selbst. Es ist eine Reise voller Lektionen, die Sie lehren wird, mit den Wellen zu tanzen, anstatt gegen sie zu kämpfen. Dieses Buch ist mehr als eine Sammlung von Seiten; es ist ein Kompass für diejenigen, die bereit sind, die Anker zu lichten und den Kurs auf eine Welt zu nehmen, in der Agilität das Ruder ist, das uns durch die stürmischen Meere des Wandels steuert. Sind Sie bereit, mit mir in diese aufregende Zukunft zu segeln? Dann kommen Sie an Bord und lassen Sie uns gemeinsam die Segel setzen.

Liebe Grüße
René Schröder

Aufbau des Buches

In "Verirrt im Ozean der Agilität" nehme ich Sie mit auf eine Reise, die so strukturiert ist, dass Sie nicht nur die Theorie hinter der Agilität verstehen, sondern auch, wie Sie diese in die Praxis umsetzen können. Das Buch ist in vier Hauptteile gegliedert, die Sie durch die verschiedenen Aspekte der agilen Transformation führen.

Teil I: Die drei Wege der (Un)Agilität

Hier erkunden wir die metaphorischen Pfade, die Unternehmen oft einschlagen, wenn sie sich auf die Reise der Agilität begeben. Wir werden die Vor- und Nachteile jedes Weges analysieren und verstehen, warum manche Strategien in die Irre führen, während andere zu echtem Fortschritt führen.

Teil II: Die maritime Odyssee der präzisen Karten

In diesem Abschnitt tauchen wir tief in den ersten Weg ein – die Suche nach Perfektion durch detaillierte Planung. Ich werde Ihnen zeigen, warum ein Übermaß an Kontrolle genauso gefährlich sein kann wie gar keine und wie Sie ein Gleichgewicht zwischen Vorbereitung und Flexibilität finden.

Teil III: Der Wolpertinger – Ein Schiff aus Mythen

Der zweite Weg führt uns zu einem Schiff, das aus den besten Teilen anderer Schiffe zusammengesetzt ist – oder zumindest wird das behauptet. Wir werden die Fallstricke von Lösungen untersuchen, die zu einzigartig sind, um wahr zu sein, und wie man eine Strategie entwickelt, die wirklich zu Ihrem Unternehmen passt.

Teil IV: Die geheime Expedition – Navigieren im Dunkeln

Der dritte Weg ist der geheimnisvollste. Hier betrachten wir Unternehmen, die ohne klare Richtung oder Verständnis für das Ziel in die Agilität aufbrechen. Ich werde Strategien aufzeigen, wie man aus diesem Dunkel ins Licht führt und ein Umfeld schafft, in dem jeder im Team weiß, wie und warum Entscheidungen getroffen werden.

Abschluss: Tanzen im Sturm

Zum Abschluss des Buches fassen wir die Erkenntnisse zusammen und blicken auf die Kunst des "Tanzens im Sturm" – wie man Agilität lebt und atmet. Ich werde konkrete Schritte und Methoden vorstellen, die Ihnen helfen, Agilität nicht nur zu implementieren, sondern sie zu einem integralen Bestandteil Ihrer Unternehmenskultur zu machen.

Die 3 Wege ins Glück?

In der unendlichen See des Marktes, wo Stürme unerwartet auftauchen und Erfolg so flüchtig ist wie ein sonnenverwöhnter Morgen, haben Unternehmen erkannt, dass sie die Segel anders setzen müssen. Die alten Methoden, einst so verlässlich wie Leuchtfeuer an bekannten Küsten, reichen nicht mehr aus, um in den raubenden Gewässern von Kundenwünschen und Wettbewerb zu navigieren.

Der erste Weg - eine Reise mit Karten, auf denen jeder Wind und jede Strömung eingezeichnet ist, eine Odyssee so präzise orchestriert, dass nichts dem Zufall überlassen bleibt. Es ist die Illusion der Kontrolle, das Versprechen der Sicherheit, dass, wenn nur jede Welle, jeder Windstoß vorhersehbar ist, das Schiff unweigerlich seinen Zielhafen erreicht. Doch die See ist launisch, und kein Plan, so detailliert er auch sein mag, kann die Unwägbarkeiten eines jeden Moments auf dem offenen Wasser vorhersehen.

Der zweite Weg ist ein Schiff, zusammengesetzt wie ein Wolpertinger, ein Fabelwesen der Seefahrt, geboren aus der Verzweiflung und der falschen Annahme, dass nur ein Unikat die Stürme überstehen kann. Verschiedenste Teile von anderen Schiffen, ohne Verständnis, wie sie das Ganze stärken, werden zusammengefügt. Es ist ein Weg, der verspricht, einzigartig zu sein, eine Lösung zu bieten, gebaut auf der Idee, dass nur das, was speziell und maßgeschneidert ist, erfolgreich sein kann. Doch ohne echtes Verständnis für das Handwerk, das Schiffsbau ist, ist es nicht mehr als ein schwimmender Albtraum, bereit, bei der ersten Welle auseinanderzubrechen.

Und dann gibt es **den dritten Weg** - eine geheime Expedition, eine Mannschaft, die im Dunkeln gelassen wird, während ihre Kommandanten Teile des ersten und zweiten Weges murmeln, als wären es Gebete zu den Göttern des Meeres. Sie segeln, aber blind, ohne zu wissen, dass das Schiff, auf dem sie sich befinden, keine wahre Richtung hat, keine Karte, die es wert ist, gefolgt zu werden, nur Flüstern und Befehle, gehalten in der Stille, die mehr Angst als Vertrauen hervorruft.

Warum führen diese Wege ins Unglück? Weil sie die Unberechenbarkeit des menschlichen Geistes, das Chaos der Kreativität und Innovation, die wilde, unbezähmbare Natur des Marktes selbst nicht verstehen oder ehren. Sie versuchen, Sterne zu kartieren, die sich ständig bewegen, ein Meer zu zähmen, das sich weigert, gezähmt zu werden.

Die wahre Reise - die erfolgreiche Fahrt - liegt im Verständnis, dass das Meer, so unberechenbar es auch ist, erfahren werden muss, wie es kommt. Man muss lernen, im Sturm zu tanzen, anstatt zu versuchen, ihn zu vermeiden, bereit sein, das Ruder zu ändern, basierend auf dem, was die Wellen erzählen, nicht auf dem, was die Karten vorschreiben.

Es bedeutet, die Crew als mehr als bloße Befehlsempfänger zu sehen, ihnen zu erlauben, Teil des Schiffes selbst zu sein, ihre Hände und Herzen in die Konstruktion und Navigation zu legen. Es bedeutet, die Reise als eine Erfahrung, ein Abenteuer zu sehen - ungewiss, ja, aber voller Möglichkeiten.

Das Meer der Unternehmensführung ist nicht zu kontrollieren, aber es kann erfahren werden, in all seiner rauen Schönheit und seinen unberechenbaren Gezeiten. Es sind die Mutigen, diejenigen, die lernen, mit dem Unbekannten zu segeln, die nicht nur überleben, sondern wirklich leben und ihre Geschichten in den Sternen hinterlassen, die den nächtlichen Himmel für diejenigen erhellen, die noch segeln müssen.

Der erste Weg - Die maritime Odyssee der präzisen Karten

Stellen Sie sich ein stolzes Schiff vor, das in den frühen Morgenstunden, wenn die ersten Sonnenstrahlen den Dunst des Horizonts golden färben, in See sticht. Dies ist kein gewöhnliches Schiff, sondern das Flaggschiff eines stolzen Handelsimperiums, das sich darauf vorbereitet, eine neue Welt zu entdecken. Die ReG Inc. sieht sich selbst in diesem prächtigen Schiff, bereit, in das unbekannte Wasser der Transformation einzutauchen.

Doch bevor diese Reise beginnt, wird in den Kartographie-Kammern des Unternehmens jede Meile des Ozeans akribisch vermessen. Jeder Windstoß ist vorhergesagt, jede Welle ist bekannt, und jedes Unwetter ist auf den Karten eingezeichnet, die so detailliert sind, dass sie selbst den Gesang der Meerjungfrauen in den Tiefen dokumentieren. Diese Seekarten sind nicht nur ein Plan - sie sind ein Versprechen, eine Garantie, dass nichts dem Zufall überlassen wird. Die Führungskräfte, die Kartographen, haben jeden Sandkorn auf dem Meeresgrund gezählt und sind überzeugt, dass ihre präzisen Berechnungen und Vorhersagen sie sicher durch die stürmischsten Gewässer führen werden.

Das Schiff legt ab, und der gesamte Vorstand ist an Deck, die Augen fest auf den klar definierten Horizont gerichtet. Die Besatzung, die Mitarbeiter, stehen stramm und bereit, denn sie vertrauen auf die Weisheit ihrer Admiräle und die Präzision ihrer Karten. Sie glauben, dass jedes Unwetter, jeder Gegenwind nur eine kleine Unannehmlichkeit auf einer ansonsten makellos geplanten Reise sein wird.

Doch das Meer, genau wie der Markt, ist ein lebendiges Biest. Es kräuselt sich und tobt mit unvorhergesehener Wildheit, und bald schon wird das stolze

Schiff von Turbulenzen geschüttelt, die nicht auf den Karten verzeichnet waren. Stürme brauen sich zusammen, nicht dort, wo sie erwartet wurden, sondern dort, wo die Kartographen die Himmel klar gezeichnet hatten. Unbekannte Strömungen, metaphorisch für unerwartete Marktveränderungen, reißen am Kiel, und die schönen Linien der Seekarten beginnen zu verblassen, getränkt vom spritzenden Salzwasser der Realität.

Die Besatzung beginnt, nervös zu werden, blickt fragend zu ihren Führern, die stoisch versuchen, ihre Unsicherheit zu verbergen, während sie ihre Karten neu zeichnen, mitten im Chaos, das sie nicht vorhergesehen hatten. In ihrer Arroganz hatten sie geglaubt, dass die Natur, wie der Markt, einer linearen Logik folgt, einer berechenbaren Formel, die sie nur entschlüsseln müssten, um sicher ans Ziel zu kommen.

In diesem Strudel der Ereignisse erkennen einige mutige Seelen an Bord, dass keine Karte, egal wie präzise sie auch sein mag, jemals die lebendige, atmende Unbeständigkeit des Ozeans einfangen könnte. Sie fangen an, das Steuer zu übernehmen, indem sie auf ihre Instinkte, ihre Erfahrung und ihr Verständnis des Meeres hören, das sie durchquert haben.

Die Reise der ReG Inc., dieser Weg der vollständig geplanten Transformation, ist keine Reise mehr, sondern ein Kampf - ein Kampf, nicht gegen das Meer, sondern gegen die Illusion der Vorhersehbarkeit und Kontrolle. In der Auseinandersetzung mit dem unvorhersehbaren Charakter des Marktes lernen sie, dass keine Reise, besonders nicht die der Transformation, eine geradlinige Route von Punkt A nach Punkt B ist. Es ist eine Odyssee, die Anpassungsfähigkeit, Mut und die Bereitschaft erfordert, die Karten zu zerknüllen und sich vom Wind der Veränderung führen zu lassen.

Der zweite Weg – Das Wolpertinger Schiff

Der zweite Weg, den ReG Inc. beschreiten könnte, ähnelt einem zusammengewürfelten Schiff, das an den legendären Wolpertinger erinnert - ein Mischwesen verschiedener Kreaturen, das in der Folklore bizarre und unerwartete Formen annimmt. In diesem Szenario hat das Unternehmen Teile verschiedener agiler Frameworks zusammengesetzt, ein bisschen

Scrum hier, ein bisschen Kanban dort, einige Prinzipien von Lean und vielleicht sogar Elemente aus Ext-
reme Programming. Jedes Stück wurde ausgewählt in
der Hoffnung, die Agilität, Effizienz oder irgendeine
andere attraktive Eigenschaft zu erben, die das jewei-
lige Framework verspricht.

Doch wie ein Wolpertinger auf See ist dieses Schiff
nicht aus einem Guss. Es wurde geboren aus der
Verzweiflung und dem trügerischen Glauben, dass
ein rein einzigartiges, maßgeschneidertes Vehikel -
frei von den "Einschränkungen" traditioneller, erprob-
ter Designs - besser gerüstet wäre, die stürmischen
Meere des Marktes zu navigieren. Das Management
glaubt irrtümlicherweise, dass diese Franken-
stein'sche Kreation von agilen Methoden eine stärke-
re, widerstandsfähigere Struktur bieten würde, da sie
"das Beste aus allen Welten" vereint.

Jedoch mangelt es bei dieser Herangehensweise
an einem grundlegenden Verständnis dafür, wie diese
verschiedenen Methoden und Prinzipien synergetisch
zusammenwirken sollten. Es fehlt die Erkenntnis,
dass jedes agile Framework - wie jedes Schiffsteil -

innerhalb eines bestimmten Kontextes entwickelt wurde, mit spezifischen Anforderungen, die es erfüllt, und bestimmten Problemen, die es adressiert. Indem sie zufällig Teile ohne Anleitung oder Strategie zusammenfügen, riskiert die Unternehmensführung nicht nur die Integrität ihres "Schiffes", sondern auch die Richtung und den Fortschritt ihrer Reise.

Dieses zusammengesetzte "Schiff" mag auf den ersten Blick beeindrucken durch sein unkonventionelles Design und seine scheinbare Einzigartigkeit. Es verspricht eine maßgeschneiderte Lösung, eine Antwort auf alle Herausforderungen, denen sich das Unternehmen gegenübersieht. Doch ohne ein echtes Verständnis der Schiffbaukunst, das heißt, ohne ein tiefes, nuanciertes Verständnis dafür, wie agile Prinzipien erfolgreich integriert und angewendet werden können, ist dieses Schiff nicht seetüchtig. Es ist ein schwimmender Albtraum, der, statt durch die Wellen zu schneiden, bei der ersten Begegnung mit Schwierigkeiten zu zerbrechen droht.

Dieser Ansatz, der den Fokus auf Einzigartigkeit und Anpassung legt, ohne die Notwendigkeit des

Verständnisses und der Kohärenz zu berücksichtigen, kann das Unternehmen in gefährliche Gewässer führen. Er läuft Gefahr, Ressourcen zu verschwenden, das Team zu demoralisieren und letztendlich das Unternehmen daran zu hindern, seine wahren Ziele zu erreichen. Die Lektion hier ist klar: Echte Seetüchtigkeit - und echter geschäftlicher Erfolg - ergibt sich nicht aus einer "zufälligen" Zusammenstellung von Konzepten, sondern entsteht durch das kontinuierliche Generieren von Erfahrungen innerhalb des Unternehmens und die Befolgung des Shu-Ha-Ri-Prinzips.

Der dritte Weg – Die geheime Expedition

Der dritte Weg, eine Odysee, die mehr einem alptraumhaften Rätsel als einer Reise gleicht, zieht seine Reisenden in einen Strudel aus Geheimnissen und Unsicherheiten. Es ist, als würde eine mutige Crew ein Schiff besteigen, das nicht von einem erfahrenen Kapitän, sondern von Schatten und Echos gelenkt wird. Diese Expedition, gehüllt in Dunkelheit, verbirgt ihr wahres Ziel vor denen, die mutig genug sind, ihre Segel zu setzen, und hält ihre Herzen gefangen in einem Netz aus Flüstern und verborgenen Absichten.

Von Anfang an ist dieses Schiff - diese fragile Arche im unendlichen Meer der Unternehmenswelt - ein Sammelsurium aus Teilen des ersten und zweiten Weges. Es ist, als hätten die Architekten von allem ein wenig genommen, jedoch ohne den Klebstoff des Verständnisses, der diese unterschiedlichen Elemente zusammenhalten könnte. Die Führungskräfte, die Kommandanten dieses gewagten Unterfangens, murmeln Fragmente von Strategien, die sie kaum verstehen, als wären es geheiligte Beschwörungen, gedacht, die tobenden Meeresgötter zu besänftigen. Aber diese unklaren Botschaften dienen eher dazu, die Flammen der Ungewissheit zu schüren, die in den Herzen ihrer Mannschaft brennen.

Die Besatzungsmitglieder, die tapferen Seelen auf diesem rätselhaften Schiff, segeln auf einem Meer ohne Horizont. Sie spüren, wie das Deck unter ihren Füßen bei jeder Entscheidung, die mehr aus Angst als aus Vertrauen getroffen wird, schwankt. Die Stille, in der sie gehalten werden, ist erdrückend - eine Welt, in der selbst das Knarren des Schiffes wie ein Seufzen der Resignation klingt. Ihre Blicke treffen oft in der Schwärze der Nacht zusammen, die Augen voller

Fragen, auf die niemand eine Antwort zu haben scheint.

In dieser Atmosphäre der Halbwahrheiten und Vermutungen ist der Kurs, den sie verfolgen, nichts weiter als eine Illusion. Karten, die sie haben, sind leere Blätter, Linien und Pfade, die von unsichtbarer Hand gezeichnet und genauso schnell wieder weggewischt werden. Es gibt keinen Leuchtturm in der Ferne, kein Versprechen eines sicheren Hafens - nur das endlose Schwanken und das gelegentliche, schreckenerfüllte Aufflackern von Hoffnung, das schnell von der nächsten Welle der Verwirrung erstickt wird.

In dieser Welt der Halbschatten und des unausgesprochenen Misstrauens wird die Reise selbst zu einer Metapher für den Verlust und die stumme Verzweiflung, die jeder in seinem Herzen trägt. Es ist eine Reise ohne Bestimmungsort, eine Suche ohne Versprechen, ein Sirenengesang, der das Schiff und seine Besatzung unaufhaltsam in die Tiefen des unbekannten und unerforschten Ozeans zieht.

Die Odyssee der Transformation in drei Akten

In den unergründlichen Tiefen des unternehmeri-schen Ozeans haben wir drei Schiffe gesehen, jedes auf einem Kurs ins Verderben, gezeichnet durch die Irrungen und Wirrungen schlecht navigierter Strate-gien. Der erste Weg, ein mächtiges Schiff, das durch Selbstüberschätzung und mangelnde Reflexion sei-nen Untergang fand, spiegelte die Gefahr wider, sich allein auf theoretisches Wissen zu verlassen, ohne es durch praktische Anwendung zu ergänzen. Der zweite Weg, ein bizarres Flickwerk von Methoden, gezogen aus verschiedenen Ecken und Enden ohne Verständ-nis oder Kontext, zeigte uns, dass ohne ein solides Fundament und Respekt für die Stufen des Lernens - Shu Ha Ri - kein nachhaltiger Fortschritt möglich ist. Der dritte Weg, eine Reise geführt durch die Dunkel-heit des Nichtwissens und der Unsicherheit, erinnerte uns schmerzlich daran, wie ein Mangel an klaren Zie-len und dezentraler Entscheidungsfindung ein Unter-nehmen in die Irre führen kann.

Doch aus den Trümmern dieser gescheiterten Ex-peditionen zeichnet sich eine Karte für den Erfolg ab. Für jene, die den ersten Weg gewählt haben, besteht die Rettung darin, Denken und Handeln zu verschmelzen. Es ist an der Zeit, die Brücke zwischen Theorie und Praxis zu schlagen, um ein Verständnis zu entwickeln, das in der realen Welt des Geschäfts verankert ist. Die Führungskräfte müssen an Deck kommen, den Wind in den Segeln spüren und an der Seite ihrer Crew arbeiten, um die Nuancen ihres Schiffes wirklich zu verstehen.

Diejenigen, die sich auf dem zweiten, chaotischen Weg verloren haben, müssen die Philosophie von Shu Ha Ri annehmen, um echte Meisterschaft zu erlangen. Sie müssen erkennen, dass wahre Expertise mehr erfordert als ein Sammelsurium von Konzepten; sie verlangt nach einer progressiven Reise vom Nachahmen über das Assimilieren bis hin zum Innovieren. Erfahrung, so werden sie lernen, ist nicht nur eine Funktion des Wissens, sondern des gelebten, gefühlten und durchlebten Verständnisses.

Für die unglücklichen Seelen auf dem dritten Weg ist die Umkehrung ihres Kurses geboten durch den Mut zu dezentralen Entscheidungen, wodurch die Mannschaft ermächtigt wird, das Ruder in die Hand

VERIRRT IM OZEAN DER AGILITÄT

zu nehmen. Durch das Verschieben des Fokus von bloßem Output zu bedeutungsvollem Outcome wird das Schiff nicht nur vorwärts, sondern auch in die richtige Richtung bewegen.

Das Meer des Geschäfts ist voller Unwägbarkeiten, aber für diejenigen, die bereit sind, aus ihren Fehlern zu lernen und sich den Gezeiten anzupassen, gibt es immer Hoffnung am Horizont. Es wartet eine Welt, in der Unternehmen nicht nur überleben, sondern gedeihen; eine Zukunft, in der Teams nicht aus Notwendigkeit zusammenarbeiten, sondern aus einem gemeinsamen Streben nach Exzellenz; und ein Ziel, an dem der Erfolg nicht durch das Erreichen des Ufers definiert wird, sondern durch die Reise, die man unternimmt, die Herausforderungen, die man bewältigt, und die Entdeckungen, die man unterwegs macht.

Ein neuer Horizont ~ Die drei Auswege aus dem Labyrinth der Gleichförmigkeit

In einer Welt, die sich ständig verändert, stehen Unternehmen vor einem Labyrinth der Gleichförmigkeit, in dem alte Karten und Kompassnadeln nicht mehr die Richtung weisen können. Es gibt jedoch Pfade, die aus diesem Labyrinth herausführen – drei Auswege, die den Mutigen und Weisen eine neue Richtung weisen.

Der erste Ausweg: Die maritime Odyssee der präzisen Karten

Hier beginnt die Reise mit der Erkenntnis, dass die alten Karten nicht mehr die Wahrheit des Meeres widerspiegeln. Es ist ein Weg, der uns lehrt, dass wahre Navigation die Bereitschaft erfordert, die Karten neu zu zeichnen – nicht mit Tinte, sondern mit dem Verständnis für die Strömungen des Marktes und die Winde des Wandels.

Der zweite Ausweg: Von Wolpertingern und Meeresmeistern ~ Die Odyssee zur Agilen Meisterschaft

Dieser Pfad führt uns durch die Philosophie von Shu Ha Ri, wo wahre Meisterschaft nicht in der starren Nachahmung, sondern in der fließenden Anpassung und schließlich in der kreativen Innovation liegt. Es ist ein Weg, der uns zeigt, wie wir aus den Schatten des Konventionellen heraustreten und in das Licht der Erkenntnis treten können.

Der dritte Ausweg: Die geheime Expedition ~ Aus dem Schatten des dritten Weges

Der letzte Ausweg führt uns zu den verborgenen Expeditionen, die sich von den Fesseln des sogenannten "dritten Weges" befreit haben. Es ist ein Pfad, der uns lehrt, dass wahre Veränderung nicht in den Zahlen und Daten liegt, die wir messen, sondern in den Geschichten und Erfahrungen, die wir schaffen.

Diese drei Auswege sind mehr als nur Fluchtwege aus der Stagnation; sie sind Einladungen zu einer Reise, die uns nicht nur an einen neuen Ort, sondern zu einer neuen Art des Seins führt. Sie fordern uns auf, nicht nur anders zu denken, sondern anders zu leben – in einer Welt, die sich nicht mehr um das 'Was' dreht, sondern um das 'Warum' und das 'Wie'.

Begleiten Sie uns auf dieser Reise zu den drei Auswegen, die nicht nur unsere Unternehmen, sondern auch unsere Seelen transformieren werden.

Wie die maritime Odyssee der präzisen Karten ein Ende finde

Ein Segelboot, eingebettet in die Gewässer der Unvorhersehbarkeit, entdeckt, dass der erste Weg ins Unglück oft eine Karte voller Täuschungen ist. Es ist die Karte der Überplanung und des übervorsichtigen Navigierens, gezeichnet mit dem Tintenfass der Illusion, dass jede Meile, jeder Windstoß, jeder Strömungswandel vorhersehbar, kontrollierbar ist. Unternehmen, die diese Karte halten, glauben, dass sie die Ozeane der Transformation mit einer genau festgelegten Route durchqueren können, ohne die launischen Wellen der Veränderung zu berücksichtigen.

Doch die See der Veränderung ist eine lebendige, atemende Entität, ungebändigt und unberechenbar. Sie tanzt im Takt der Gezeiten, verführt von den Launen des Mondes, und jedes Schiff, das versucht, ihre Pfade zu kartieren, findet sich in einem Netz aus Wellen und Strömungen verstrickt, die keine Rücksicht auf menschliche Pläne nehmen. Die Annahme, dass die Transformation ein stilles Meer ist, bereit, sich dem Willen von Kompass und Sextant zu beugen, ist eine gefährliche Meerestäuschung. In Wirklichkeit ist sie ein stürmischer Ozean, der Boote in unbekannte Gewässer schleudert, wo Monster warten und Sirenen singen.

Im 21. Jahrhundert hat die Welt die Fesseln der Vorhersehbarkeit abgelegt und sich in ein wildes Meer verwandelt, das von Netzwerken aus Abhängigkeiten und Technologiewellen geprägt ist. Die Winde der Globalisierung haben neue Strömungen geschaffen, die sich in turbulente Wechselwirkungen verwandeln, während der technologische Fortschritt wie ein Leuchtturm die Klippen der Möglichkeit erhellt, oft ohne den Kurs zur sicheren Küste zu zeigen. In diesem Ozean sind alte Navigationsmethoden nicht nur unzureichend, sondern oft auch gefährlich.

Die Zentralisierung von Entscheidungen, ein Relikt alter Seefahrttraditionen, zeigt ihre Risse im Angesicht der tosenden See. Die Annahme, dass ein Kapitän, eingesperrt in seiner Kabine, fern von den Decks und dem salzigen Sprühregen, die besten Entschei-

dungen treffen kann, ist so marode wie ein Schiffs-
wrack. Die Wahrheit lebt in jedem Matrosen, in der
Hand, die das Steuer hält, in den Augen, die den
Sturm am Horizont erkennen. Es ist eine Wahrheit,
die sich in der Verschmelzung von Denken und Handeln, in der spontanen Anpassung an den Rhythmus
der Wellen manifestiert.

Dezentrale Strukturen erwecken diesen Geist, indem sie das Ruder an diejenigen weitergeben, die
den Schaum der Wellen an ihren Fingerspitzen spüren. Sie fördern eine Mannschaft, die im Gleichklang
mit dem Meer atmet, die in der Lage ist, Segel im
Wind des Wandels zu setzen, die nicht nur auf Stürme reagiert, sondern sie antizipiert, sie fühlt, lange
bevor sie den Horizont verdunkeln.

Die alten Karten, die einst als unverzichtbar galten,
verblassen nun. Die Tinte, mit der sie geschrieben
wurden, ist im Angesicht der Komplexität verlaufen.
Es ist an der Zeit, das Steuer herumzureißen, den
Kurs zu ändern und in die Fluten der Ungewissheit zu
stechen, mit dem Vertrauen, dass die Mannschaft,
wenn sie frei ist, das Schiff durch jeden Sturm navi-

gieren kann. Diese maritime Odyssee ist nicht das Ende, sondern ein neuer Anfang, eine Einladung, die Ozeane der Möglichkeit zu umarmen, ohne Furcht vor den Unwägbarkeiten, die sie bergen.

Die maritime Odyssee ist ein Tanz mit dem Unbekannten, ein mutiger Sprung in die Tiefen der Veränderung, wo das einzige, was sicher ist, die Bewegung selbst ist. Es ist eine Reise, die von den Unternehmen des 21. Jahrhunderts nicht gefürchtet, sondern gefeiert werden sollte, denn in diesen unerforschten Gewässern finden wir nicht nur Herausforderungen, sondern auch die ungezähmten Möglichkeiten der Zukunft.

Segeln gegen den Sturm: Wie dezentrale Entscheidungsschiffe die Fluten der Transformation beherrschen

Stellen Sie sich ein mächtiges Segelschiff vor, das Königreich eines alten und stolzen Admirals, der das Meer beherrscht. In traditioneller Manier dirigiert er von seinem Kapitänsstuhl aus, hoch oben auf dem obersten Deck, allein sehend, wohin der Wind weht und entscheidend, welchen Kurs zu nehmen ist. Dieses Schiff repräsentiert die zentrale Entscheidungs-findung - eine, wo jedes Seil, jede Segeländerung, jeder neue Kurs von dieser zentralen, erhöhten Position aus befohlen wird. Es ist ein System der Ordnung, des Ranges und der Einheit, aber auch eines, das langsam den Winden der Veränderung folgt.

Nun, im dichten Nebel der wirtschaftlichen Unsicherheit und des rasanten Wandels, kommt dieses Monolithenschiff ins Wanken. Die Befehle des Admirals müssen mühsam durch die Reihen hinunter, von Deck zu Deck, über laute Megafone und durch eine Kette von Boten weitergegeben werden, bis sie schließlich die Ohren der Matrosen erreichen, die die Segel hissen und die Ruder bedienen. Es ist ein langsamer Tanz, einer, der das Schiff träge und unbeholfen gegen die immer wechselnden Winde der See macht.

Dann gibt es die Flottille der agilen, kleineren Schiffe, die das Meer zusammen durchkreuzen. Jedes Schiff in dieser Flottille ist ein Meister seines eigenen Schicksals, geführt von einem Kapitän, der unter der Mannschaft steht, den Wind spürt, das Salz schmeckt und den Kurs schnell ändert, je nachdem, wie der Wind weht und die Strömung fließt. Diese Schiffe repräsentieren die dezentrale Entscheidungsfindung.

In diesem Schwarm von Schiffen, in dieser agilen Flottille, ist jedes Schiff für sein Überleben verantwortlich. Sie kommunizieren schnell und effizient miteinander, warnen sich gegenseitig vor Stürmen und teilen die Beute untereinander auf. Sie sind widerstandsfähig, denn während ein Schiff kämpfen mag, bleibt der Rest stark und reaktionsfähig, bietet Unterstützung und zieht Lektionen aus den Herausforderungen jedes einzelnen.

In der Welt der Transformation ist es, als würde man die stolze Hierarchie des Monolithenschiffs aufbrechen und in eine Flotte von agilen, reaktionsfähigen Schiffen verwandeln, die das Meer mit Schnelligkeit und Bestimmtheit durchqueren. Wo einst der alte Admiral müde auf sein Reich herabblickte, gibt es jetzt eine Vielzahl von Kapitänen, die Entscheidungen in Echtzeit treffen, sich anpassen, zusammenarbeiten und das raue Meer der Marktveränderungen und Kundenbedürfnisse navigieren.

Diese maritime Revolution in der Entscheidungsfindung ist ein entscheidender Wendepunkt in der Seefahrtgeschichte der Geschäftswelt. Es ist eine Anerkennung, dass, während das alte, große Schiff majestätisch und eindrucksvoll sein mag, es die schnellen, wendigen Schiffe sind, die den Stürmen trotzen, die Schätze finden und die Zukunft auf den unvorhersehbaren Wellen des Marktes segeln.

Logbucheintrag

Und so endet unsere Seefahrtgeschichte, nicht mit einer ruhigen Brise, sondern mit einem fröhlichen Sturm des Gelächters und der Erkenntnis. Wie die alten Seebären sagen würden: "Ein glückliches Schiff ist ein schnelles Schiff!" und in der Welt der Geschäfte könnte dies nicht wahrer sein.

In der rauen See der Unternehmenswelt ist es nicht der stärkste oder der größte, der überlebt, sondern der, der bereit ist, das Ruder schnell zu drehen, Segel in alle Richtungen zu setzen und mit einem Lächeln durch die stürmischsten Meere zu navigieren. Es sind die Kapitäne, die lachen, wenn der Regen sie durchnässt, die singen, wenn die Wellen das Deck treffen, und die ein Tänzchen wagen, wenn der Blitz den Nachthimmel erhellt.

Zentralisierung? Eine steife Brise, die das Segel zerreißen könnte! Überplanung? Ein versteckter Riff, der darauf wartet, unser stolzes Schiff der Effizienz zu zerstören! Nein, in dieser Odyssee der Transformation sind es die tanzenden, lachenden, improvisierenden Schiffe, die den Hafen erreichen, beladen mit den Schätzen des Erfolgs und der Innovation.

Also, ihr stolzen Führungskräfte, werft eure Karten weg, spürt den Wind in euren Haaren und lernt den freudigen Tanz der agilen Navigation! Denn am Ende des Tages ist es die Freude, die Geschwindigkeit bringt, die Kameradschaft, die das Ruder stabilisiert, und das Lachen, das uns durch die dunkelsten Nächte führt.

Möge unsere Geschäftsflottille weiterhin mutig segeln, wo kein Monolithenschiff je erfolgreich war. Mit einem Lied im Herzen und einem schnellen Jig auf den Lippen steuern wir in eine Zukunft, so weit und wunderbar wie das Meer selbst. Ahoi, Kapitäne der

Industrie, und mögen eure Entscheidungen so schnell und fröhlich sein wie die Wellen, die unser nächstes großes Abenteuer ankündigen!

Von Wolpertingern und Meeresmeistern ~ Die Odyssee zur Agilen Meisterschaft

Inmitten der ungestümen See der Unternehmenswelt gleitet ein Schiff, geformt wie ein Wolpertinger, eine Chimäre aus dem Reich der Fabeln. Es ist zusammengeschustert aus Fragmenten verschiedener Schiffe, ein Produkt der Verzweiflung und der trügerischen Überzeugung, dass nur ein solches Unikat die tobenden Stürme überstehen könnte. Dieses Schiff symbolisiert Unternehmen, die sich entscheiden, ihre eigenen Methoden zu schmieden, da sie glauben, dass die bewährten Rahmenwerke wie Scrum ihren einzigartigen Herausforderungen nicht gerecht werden.

Aber ah, hier liegt ein wildes Missverständnis von Agilität verborgen, tief in den Planken des Wolpertinger-Schiffes. Agilität tanzt auf den Wellen von Erfahrung und kontinuierlicher Verbesserung, sie lässt sich nicht in ein Korsett von starren, hausgemachten Frameworks zwängen. Hier wird das lebendige, at-

mende Wesen der Erfahrung mit dem starren Skelett
des Wissens verwechselt, was zu einer grotesken
Kreatur führt, die zum Scheitern verurteilt ist.

Wissen, das goldene Vlies der Gelehrten, bewohnt
die Hallen unseres Intellekts, eine Sammlung von
funkelnden Juwelen - Informationen, Fakten, Konzep-
te - die durch Studium, Beobachtung oder Austausch
erworben wurden. Es ist das Land der Theorie, der
Strategien, die auf Karten gezeichnet sind, aber noch
nie die raue Berührung des Windes gespürt haben.

Erfahrung hingegen ist wie der alte Seebär, dessen
Hände von der Praxis gezeichnet sind. Sie kommt
durch das Handeln, durch das Navigieren durch die
stürmischen Meere, das Erleben von Brisen und Un-
wettern gleichermaßen. Erfahrung ist der Prüfstein
des Wissens, der Ort, an dem Theorien auf ihre Taug-
lichkeit getestet werden, wo sie gebrochen, neu ge-
schmiedet und gestärkt werden können.

Hier, zwischen den Klippen des Wissens und den
Strudeln der Erfahrung, segeln wir auf den Wellen
von Shu Ha Ri, einem Konzept aus der Kunst der

Samurai, das den Weg von der Nachahmung über die Assimilation bis hin zur Innovation aufzeigt.

Shu: In der ersten Phase, der Phase des "Shu", sind wir treue Schüler der Tradition. Wir folgen den etablierten Praktiken wie Scrum mit Respekt und Präzision, lernen die Regeln und halten uns an sie, so wie der Lehrling den Bewegungen seines Meisters folgt. Hier schützt uns Scrum vor den Stürmen der Ablenkung und des Chaos, indem es uns einen sicheren Hafen der Struktur bietet.

Ha: Wenn wir in die "Ha"-Phase übergehen, beginnen wir, die Regeln zu hinterfragen und uns anzueignen. Hier, ähnlich einem heranwachsenden Seemann, der lernt, auf eigenen Beinen zu stehen, beginnen wir, unsere eigenen Entscheidungen zu treffen, immer noch innerhalb des Rahmens, aber mit größerem Verständnis und Anpassung an unsere einzigartige Reise. Scrum dient uns hierbei als Kompass, der uns zwar die Richtung weist, aber den wir nun interpretieren und anpassen, während wir die Winde und Strömungen unserer eigenen Unternehmensmeere verstehen.

Ri: Schließlich, in der Phase des "Ri", werden wir zu Meistern unserer Kunst. Wir brechen die Regeln, aber mit Respekt und Verständnis für ihren Kern. Wie erfahrene Kapitäne navigieren wir unser Schiff intuitiv, nicht mehr an Lehrbücher gebunden, sondern frei, den Kurs zu ändern, wie es die aktuelle Situation erfordert. Scrum ist jetzt ein Teil von uns, ein innerer Kompass, verinnerlicht und an unsere Bedürfnisse angepasst.

Das Wolpertinger-Schiff, gebaut ohne diese Prinzipien, ist zum Scheitern verurteilt. Es ist ein schwimmender Alptraum, bereit, bei der ersten Welle auseinanderzubrechen. Unternehmen müssen die Reise durch Shu Ha Ri antreten, um wirklich seetüchtig zu werden. Sie müssen das Handwerk von der Pike auf lernen, ihre Schiffe nicht aus Missverständnissen und Verzweiflung, sondern aus Stärke, Verständnis und Anpassungsfähigkeit bauen. Nur so können sie die stürmischen Meere der Geschäftswelt erfolgreich navigieren und ihre wertvolle Fracht sicher über die tobenden Wasser des Marktes tragen.

Ein Scrum Wolpertinger

Shu Ha Ri, eine Philosophie, die ihre Wurzeln in der traditionellen japanischen Kampfkunst hat, lässt sich metaphorisch auf die Entwicklung von Unternehmen und ihrer Herangehensweise an agile Methoden wie Scrum anwenden. Es ist eine Reise, die das Unternehmen von strikter Befolgung über kritisches Verständnis bis hin zu innovativer Eigenständigkeit führt, ähnlich wie ein Schiff, das im Laufe der Zeit gebaut und verbessert wird, um den wachsenden Herausforderungen der offenen See zu begegnen.

Shu (守: "bewahren"): Diese Anfangsphase ist vergleichbar mit dem Bau des Rumpfes eines Schiffes, des grundlegendsten Teils, der es über Wasser hält. In dieser Phase folgen die Unternehmen strikt den vorgegebenen Rahmenbedingungen und Methoden, wie sie in Scrum dargelegt sind. Sie bewahren die Tradition und die bewährten Verfahren, um ein solides Fundament zu schaffen. Dies ist keine Zeit für ein Wolpertinger-Schiff; es ist keine Zeit für wilde Experimente mit unerprobten Teilen oder das Zusammensetzen inkongruenter Praktiken. So wie ein Rumpf nach bestimmten Spezifikationen gebaut werden

muss, um seetüchtig zu sein, muss auch die Herangehensweise an agile Methoden in dieser Phase präzise und unverändert sein, um das Unternehmen auf
den richtigen Kurs zu bringen.

Ha (破: "ablösen"): Wenn das Schiff – oder in diesem Fall das Unternehmen – die offene See erreicht
und auf erste Stürme trifft, beginnt die "Ha"-Phase.
Dies ist, wenn das Deck, die Masten und die Segel
etabliert sind, jedes Element jedoch noch justierbar
bleibt. Die Unternehmen haben die Regeln und Methoden von Scrum verinnerlicht und beginnen nun, sie
kritisch zu betrachten. Sie verstehen nicht nur, wie sie
die Dinge tun, sondern auch warum. In dieser Phase
dürfen Teile des "Wolpertinger-Schiffs" entstehen:
innovative Lösungen und Anpassungen, die auf den
Wellen der Erfahrung und des Verständnisses reiten.
Diese Teile müssen jedoch sorgfältig ausgewählt und
getestet werden, um die Integrität des Schiffes nicht
zu gefährden. Das Unternehmen löst sich von der
starren Befolgung der Regeln und passt seine Strategien an die einzigartigen Herausforderungen und Be-
dingungen an, denen es auf See begegnet.

Ri (離: "trennen"): Schließlich, wenn das Schiff den Ozean gemeistert hat und jedes Teil und jede Naht Stürme und ruhige See gleichermaßen erfahren hat, beginnt die "Ri"-Phase. Das Unternehmen hat die agilen Methoden vollständig verstanden und integriert, sie sind zu einem Teil seiner DNA geworden. Jetzt ist es bereit, sich von den Regeln zu "trennen" und eigene Wege zu gehen. Das Wolpertinger-Schiff ist nun kein Flickwerk mehr, sondern ein maßgeschneidertes Meisterwerk, das auf den vorangegangenen Phasen aufbaut. Es ist die Zeit für Kreativität und Innovation, die Zeit, einzigartige Lösungen zu entwickeln, die über das hinausgehen, was bestehende Rahmen vorschreiben. Diese Freiheit kommt jedoch nicht aus einem Mangel an Respekt vor der Tradition, sondern aus einem tiefen Verständnis und der Meisterschaft über sie.

Das Wolpertinger-Schiff, das in der "Shu"-Phase zu früh geboren wird, ist nicht seetüchtig; es ist eine Gefahr für sich selbst. Erst wenn das Unternehmen durch "Ha" geht und sich der "Ri"-Phase nähert, darf das Wolpertinger-Schiff in seiner ganzen Pracht und Einzigartigkeit entstehen, geboren aus Erfahrung,

Verständnis und einer tiefen Meisterschaft der agilen Prinzipien und Praktiken. Es verkörpert dann nicht Chaos, sondern harmonische Innovation.

Logbucheintrag

Ah, ihr mutigen Kapitäne und geschickten Schiffs-konstrukteure, lasst uns das Fernglas ablegen und ein Resümee mit einem Augenzwinkern ziehen. Was für eine Reise es war, über die stürmische See der Agilität, voller mythischer Wolpertinger-Schiffe, die mehr nach Flaschenschiffen aussahen, die man bei stürmischer See zusammengeklebt hat.

Wir haben gelernt, dass das Zusammensetzen ei-nes Schiffes aus den buntesten und scheinbar exo-tischsten Teilen - so verlockend das auch wirken mag - uns nicht unbedingt zum stolzen Besitzer einer see-tüchtigen Galeone macht. Nein, es führte uns nur zu einem Flickwerk auf den Wellen, bereit, bei der ersten Böe auseinanderzubrechen.

Doch dann kam Shu Ha Ri, leuchtend wie der Po-larstern am nächtlichen Firmament, um uns den Weg zu weisen. Von der ersten Phase, in der wir die

Grundlagen des Schiffbaus lernten (Shu), über das Experimentieren mit neuen Materialien und Techniken (Ha), bis hin zur Meisterschaft unseres Handwerks, in der wir gelernt haben, unser eigenes, unverwechselbares Schiff zu bauen (Ri), das nicht nur die Stürme übersteht, sondern sie elegant durchtanzt.

Also, was nehmen wir, ihr Kapitäne der Industrie und Meister des Schiffbaus, aus dieser Reise mit? Dass der wahre Weg zur Meisterschaft durch das Verstehen, Anpassen und schließlich das Meistern der Kunst des Schiffbaus verläuft. Ein Wolpertinger mag ein Kuriosum sein, doch ohne ein solides Fundament und Verständnis für sein Design wird er nie mehr sein als eine Skulptur am Hafen.

Die Reise zur agilen Meisterschaft, meine Herren und Damen, gleicht der Entdeckung neuer Kontinente: Sie ist weder kurz noch einfach, und sicher nicht ohne das eine oder andere Leck im Rumpf. Aber mit Shu Ha Ri als unserem Kompass und einem Lachen in unserem Herzen werden wir nicht nur lernen, die Stürme zu überleben, sondern mit ihnen zu tanzen.

Mögen eure Wolpertinger-Schiffe also transformiert werden, von fragilen Kuriositäten zu stolzen Flaggschiffen der Innovation. Setzt die Segel für neue Horizonte, Kapitäne, und möge der Wind der Agilität immer in euren Segeln wehen!

Die geheime Expedition ~ Aus dem Schatten des dritten Weges

Als ob sie aus den Nebeln der Verzweiflung auftauchen, gibt es eine verborgene Expedition, die sich aus den Fesseln des sogenannten "dritten Weges" befreit hat. Dieser Pfad ins Unglück, gekennzeichnet durch ein Schattenteam, das sich als Wächter des Wandels aufspielte, hatte sich in den dunklen Kammern der Isolation verschanzt. Mit Plänen, so fragil wie Spinnweben, versuchten sie, die lebendige Essenz der Transformation zu fangen, nicht erkennend, dass wahre Veränderung so frei fließt wie der Wind selbst.

Doch in dieser verborgenen Expedition, weit entfernt von den verhängnisvollen Hallen starren Denkens und Handelns, begann eine neue Melodie zu spielen. Es war eine Symphonie, die im Herzen jedes Einzelnen widerhallte, ein sanftes Erwachen, das die Schatten des dritten Weges verzehrte. Dieses mutige Kollektiv, gewappnet mit dem Verständnis, dass wahre Transformation in den Fluren des Dialogs und der

Einheit geboren wird, schuf eine Brücke über die Kluft, die die Architekten des Wandels von jenen trennte, die ihre Pläne tragen sollten.

Weg vom trügerischen Scheinwerferlicht der Outputs, das nur die Illusion des Fortschritts darstellt, wandten sie sich dem sanften Leuchten der Outcomes zu. Dieses Licht, entstanden aus den tiefen Wünschen und Hoffnungen derer, die sie zu dienen suchten, zeichnete ein Bild nicht nur der getanen Arbeit, sondern der Seelen, die sie berührten, der Leben, die sie veränderten. Es war nicht die Anzahl der Schritte, die sie zählten, sondern die Fußabdrücke, die sie im Sand der Zeit hinterließen.

In dieser geheimen Expedition wurde Veränderung nicht als Kriegserklärung angesehen, bei der Strategien wie Schwerter geschwungen wurden. Stattdessen war es ein Tanz, eine Einladung für jeden, sich an den Händen zu halten und gemeinsam im Rhythmus der Erneuerung zu schwingen. Es war ein Prozess, der nicht durch das Echo der Isolation verstärkt wurde, sondern durch die Harmonie der Herzen, die als eins schlugen.

Die Karten, die sie nun vor sich hatten, waren keine leeren Blätter mehr, gezeichnet und ausradiert von unsichtbaren Händen. Sie waren lebendige Kunstwerke, die sich mit jedem Atemzug veränderten, mit Linien, die von der Tinte der Erfahrung, Empathie und echten Begegnung gezeichnet wurden. Jeder Pfad auf dieser Karte hatte das Potenzial, einen Leuchtturm in der Ferne zu entzünden, ein Versprechen eines Hafens, der in der kollektiven Seele eines jeden Einzelnen geborgen war.

So segelte diese geheime Expedition, nicht mehr getrieben von den stürmischen Winden des Misstrauens, sondern von der sanften Brise der Hoffnung. Sie verstanden, dass es nicht das Land war, das sie erobern mussten, sondern die Herzen derer, die mit ihnen segelten. In dieser Welt der verbundenen Seelen und gemeinsamen Träume wurde ihre Reise nicht zu einer von Verlust und stummer Verzweiflung, sondern zu einer lebendigen Odyssee des Wandels, der Liebe und des unendlichen Potenzials.

Im Einklang mit dem Horizont: Die Symphonie der gemeinschaftlichen Entdeckung

Auf dem unendlichen Meer des Wandels, weit entfernt von der alten Welt des starren Outputs, gleitet ein Schiff sanft über die Wellen der Veränderung. Es ist kein gewöhnliches Schiff, sondern eine Gemeinschaft von Entdeckern, deren Augen fest auf den Horizont gerichtet sind – auf die Entdeckung eines neuen Kontinents, des Outcomes.

An Bord dieses Schiffes gibt es keinen Alleinherrscher, keinen einzelnen Kapitän, der Befehle herabschleudert wie Blitze aus einer verborgenen Wolke. Hier, unter dem weiten Himmel der Möglichkeiten, ist jeder Matrose, jeder Navigator, jeder Mann und jede Frau Teil einer fließenden Hierarchie, die sich nach der Kompetenz und Einsicht richtet, die jeder Augenblick verlangt.

Die Zusammenarbeit beginnt mit dem geteilten Wissen um das Ziel – die grünen Ufer des neuen Kontinents. Dieses Ziel, so klar wie die Mittagssonne über dem Mast, beleuchtet jede Aufgabe, jeden Beitrag. Jeder weiß, warum sie die Segel setzen, warum sie die Leinen straffen, warum sie nachts durch die Dunkelheit wachen. Nicht die Frequenz der Ruderschläge zählt, sondern das gemeinsame Verständnis dafür, dass jeder Schlag sie der Küste näherbringt, dass jedes sanfte Gleiten über eine Welle ein sanftes Annähern an das Ziel bedeutet.

Die Rudermannschaft, statt im Takt eines vorgeschriebenen Befehls zu arbeiten, spürt das Tempo des Meeres und passt ihre Schläge intuitiv an. Sie wissen, dass nicht die Schnelligkeit, mit der sie rudern, sondern das Zusammenspiel ihrer Kräfte und das Verständnis für die Strömungen sie effektiv vorwärtsbringen. Ihre Koordination ist ein Tanz auf dem Wasser, ein Ballett, in dem jeder Ruderschlag ein Ausdruck des kollektiven Strebens ist.

Die Navigatoren, befreit von der Enge des Befehlens und Kontrollierens, teilen ihre Weisheit mit der Mannschaft. Sie zeichnen nicht nur Kurse auf Karten, sondern inspirieren mit Erzählungen über das, was jenseits des Horizonts liegt. Sie halten Ausschau nach Zeichen des Wetters, nach den Sternen am

Nachthimmel, und übermitteln ihre Erkenntnisse, damit alle die Richtung kennen und verstehen.

Kommunikation ist das Wasser, das die Lebensadern des Schiffes speist. Sie fließt offen und frei, nährt jede Entscheidung und jeden Gedankenaustausch. Anstelle von Anordnungen gibt es Dialoge, anstelle von Vorschriften gibt es Vereinbarungen. Das Schiff wird nicht von der Autorität eines Einzelnen gelenkt, sondern von der kollektiven Intelligenz aller Seelen an Bord.

Und so, im weiten Ozean des Übergangs, segelt dieses Schiff, getragen von den Winden der gemeinsamen Vision, voran. Jedes Mitglied der Besatzung trägt gleichermaßen zum Ziel bei, indem es individuelle Stärken einbringt und gleichzeitig die gemeinsame Reise würdigt. Das Ziel, der neue Kontinent, ist nicht nur ein physischer Ort, den sie zu erreichen hoffen, sondern ein Symbol für ihre gemeinsamen Werte und Hoffnungen, für eine Zukunft, die sie gemeinsam gestalten wollen.

Wenn das Schiff schließlich die silberne Linie des neuen Kontinents schneidet, ist es nicht die Ankunft eines Einzelnen, der dort Fuß fasst, sondern das Erwachen einer ganzen Gemeinschaft, die zusammen eine neue Welt betritt.

Logbucheintrag

Und da haben wir es, liebe Zuschauer, den dramatischen Höhepunkt unserer kleinen Seefahrtgeschichte. Am Ende des Tages, wenn der letzte Sonnenstrahl hinter dem Horizont verschwindet und die Gischt des Meeres sich mit dem Sternenlicht vermischt, sehen wir klar: Das Spiel von Output gegen Outcome ist wie der Versuch, das Meer mit einem Fischernetz zu messen – man erwischt ein paar Fische, aber das Meer bleibt unergründlich.

Wir haben gelernt, dass das Aufbrechen der alten Ketten der Trennung von Denken und Handeln kein stilles Unterfangen war – oh nein! Es war, als würde man eine Flaschenpost in eine Orchestergrube werfen und darauf warten, dass die Symphonie beginnt. Eine Symphonie, in der jeder Musiker nicht nur seine

Noten kennt, sondern auch versteht, wie seine Melodie zum großen Ganzen beiträgt.

Der Kapitän, der ehemals ein tyrannischer Taktgeber war, der jeden Ruderschlag diktierte, ist nun mehr ein leitender Dirigent in einem Orchester, in dem jeder seine eigene Noten kennt. Die Mannschaft, früher bloße Figuren auf dem Schachbrett des Meeres, sind nun kühne Entdecker, die verstehen, dass der Rhythmus ihrer Ruderschläge mehr ist als nur Bewegung – es ist Poesie in Aktion.

Und so, mit einem Augenzwinkern und einem Lächeln, segeln unsere Helden in Richtung des neuen Kontinents, nicht mehr als Gefangene einer geheimen Expedition, sondern als Teil einer Gemeinschaft, die weiß, dass der wahre Schatz nicht in der Zahl der geruderten Kilometer liegt, sondern in den verwebten Geschichten jeder Seele an Bord.

Das Schiff mag den Hafen mit einem Plan verlassen haben, aber es wird mit einer Legende zurückkehren. Eine Legende, die erzählt, wie das Zusammenspiel von Hand und Geist, von Output und Outcome, von einem Schiff und seiner Crew, das unendliche Meer der Möglichkeiten befahren hat. Nicht als Sklaven eines stur festgelegten Kurses, sondern als Freunde, die gemeinsam gegen den Wind segeln, auf der Suche nach einem Ziel, das größer ist als die Summe aller Karten, Kompassrichtungen und Sternenkonstellationen – dem Ziel einer geteilten Zukunft.

Also, lasst uns die Anker lichten und die Segel setzen, denn in dieser Welt der unendlichen Möglichkeiten ist die Reise selbst der größte Schatz, und das Lachen, das wir unterwegs teilen, ist das Echo unseres Erfolgs. Prost, auf die Reise!

Letzter Logbucheintrag ~ Abschluss der Reise: Die Synthese der Drei (Aus)Wege

Heute markiert das Ende unserer epischen Reise durch die stürmischen Gewässer der Transformation und des Wandels. Wir haben die Drei Wege der Erkenntnis beschritten und die Drei Auswege erkundet, die uns aus dem Labyrinth der Gleichförmigkeit geführt haben. Hier ist eine Zusammenfassung unserer Entdeckungen:

Die Drei Wege ins Glück

Die maritime Odyssee der präzisen Karten lehrte uns, dass wahre Navigation die Bereitschaft erfordert, die Karten immer wieder neu zu zeichnen, basierend auf den sich ständig ändernden Gegebenheiten des Marktes.

Das Wolpertinger Schiff führte uns durch die Philosophie von Shu Ha Ri, wo wir lernten, dass Meisterschaft in der Anpassung und Innovation liegt, nicht in der starren Nachahmung.

Die geheime Expedition offenbarte, dass wahre Veränderung nicht in den Zahlen liegt, die wir messen, sondern in den Geschichten, die wir erzählen und den Erfahrungen, die wir ermöglichen.

Die drei Auswege aus dem Labyrinth der Gleichförmigkeit

Die maritime Odyssee der präzisen Karten zeigte uns, dass Überplanung und Überkontrolle uns in die Irre führen können. Wir müssen lernen, im Einklang mit dem Unvorhersehbaren zu segeln.

Von Wolpertingern und Meeresmeistern - Shu Ha Ri besser verstehen ermutigte uns, über die bloße Anwendung von Methoden hinauszugehen und zu einer tieferen, intuitiven Verbindung mit unseren Praktiken zu gelangen.

Aus dem Schatten des dritten Weges lehrte uns, dass der wahre Wert unserer Arbeit nicht in quantifizierbaren Outputs liegt, sondern in den Outcomes, die das Leben der Menschen, für die wir arbeiten, bereichern.

Während wir diese Wege und Auswege erkundet haben, haben wir gelernt, dass unsere Reise niemals wirklich endet. Jeder Horizont führt zu einem neuen, und mit jedem Sonnenaufgang erheben wir die Segel erneut, bereichert durch das Wissen und die Erfahrungen des Vortages.

Wir haben gelernt, dass Transformation eine Reise ist, die sowohl nach innen als auch nach außen führt. Es ist ein Tanz zwischen dem, was wir wissen, und dem, was wir noch entdecken werden. Es ist ein fortwährendes Gespräch zwischen unserem gestrigen Ich und dem, was wir morgen sein werden.

Mit diesen Erkenntnissen schließen wir dieses Logbuch, bereit für die Abenteuer, die noch vor uns liegen, und dankbar für die Weisheit, die wir auf unserem Weg gesammelt haben.

Weitere Expeditionen folgen
Die Reise geht weiter mit den 3R

Nachdem wir die *Drei Wege der Erkenntnis* erkundet und die *Drei Auswege aus dem Labyrinth der Gleichförmigkeit* beschritten haben, stehen wir nun am Anfang eines neuen Kapitels unserer gemeinsamen Reise. Mit den kommenden Bänden dieser Buchreihe vertiefen wir unser Wissen und erweitern unser Verständnis für die Kunst der Produktentwicklung und agilen Transformation.

Band 2: *Imperfect Product Paradigm (IPP)*

In Band 2, *Imperfect Product Paradigm (IPP)*, werden wir lernen, wie Unvollkommenheiten nicht als Mangel, sondern als wertvolle Chancen zur Verbesserung betrachtet werden können. Das IPP vermittelt uns die Kernprinzipien, dass Perfektion niemals ein statisches Ziel, sondern ein dynamischer Prozess ist – ein kontinuierlicher Zyklus aus Feedback, Anpassung und Wachstum. Das IPP fordert uns auf, in einem ausgewählten Bereich Exzellenz zu erreichen, während wir in anderen Bereichen bewusst Abstriche machen, um unsere Ressourcen optimal zu nutzen. Dieses Paradigma wird uns zeigen, wie iterative Verbesserungen dazu führen, dass Produkte nicht nur den Markt erreichen, sondern dort auch nachhaltig erfolgreich sind. Lassen Sie sich von der Idee inspirieren, dass echte Innovation durch die bewusste Umarmung der Unvollkommenheit entsteht.

Band 3: *3R/PD – Das richtige Produkt, zur richtigen Zeit, richtig beim Kunden*

Mit Band 3 der 3R-Buchreihe, *3R/PD – Das richtige Produkt, zur richtigen Zeit, richtig beim Kunden*, setzen wir unsere Reise fort und wenden uns der praktischen Anwendung der 3R-Methode zu. Hier erfahren wir, wie wir sicherstellen können, dass unsere Produkte nicht nur existieren, sondern wirklich relevant sind – zur richtigen Zeit auf den Markt gebracht und genau auf die Bedürfnisse der Kunden abgestimmt. Die 3R/PD-Methode hilft uns, den Markt zu verstehen und unsere Produktentwicklungsprozesse so zu optimieren, dass wir nicht nur Produkte schaffen, sondern echte Lösungen, die beim Kunden ankommen und geschätzt werden. Dieser Band führt uns Schritt für

Schritt durch die Phasen der Produktentwicklung und zeigt auf, wie wir unsere Ressourcen und Zeit optimal nutzen können, um nachhaltigen Erfolg zu erzielen.

Die **3R-Buchreihe** wird Sie auf eine transformative Reise mitnehmen, bei der Sie lernen, wie Sie Ihre Produktentwicklung auf die nächste Stufe heben können. Mit den **3R** als Kompass und den Prinzipien von **IPP** im Gepäck sind Sie bestens gerüstet, um in einer dynamischen und anspruchsvollen Geschäftswelt erfolgreich zu navigieren.

Setzen Sie die Segel für eine Zukunft, in der Erfolg nicht nur durch Verkaufszahlen, sondern durch echte Kundenzufriedenheit und nachhaltige Wirkung gemessen wird. Lassen Sie uns gemeinsam diese neuen Horizonte erkunden und die Zukunft der Produktentwicklung gestalten.

Mit Vorfreude auf das, was kommt,
René Schröder

Ein Aufruf an die Besatzung ~ Lassen Sie Ihre Stimme auf Amazon die Segel setzen

Seefahrer und Entdecker der Agilität,

Nachdem Sie durch die turbulenten Gewässer von "Verirrt im Ozean der Agilität" navigiert sind, stehen Sie nun am Steuer eines Schiffes voller Wissen und Einblicke. Es ist an der Zeit, Ihre Erfahrungen zu teilen und anderen Seefahrern auf ihrer Reise zur agilen Meisterschaft zu leuchten. Ihre Bewertung auf Amazon ist wie ein Leuchtturm in der Nacht – sie führt und inspiriert andere, die sich auf ähnliche Gewässer wagen.

Warum Ihre Navigationssterne (Bewertungen) wichtig sind

- **Kompass für zukünftige Entdecker:** Ihre Gedanken erleuchten den Pfad für andere, die sich auf ihre eigene agile Reise begeben möchten.

- **Kurskorrektur für unsere nächste Expedition:** Ihre Einsichten sind wertvoll, um die Karten zu verfeinern und zukünftige Ausgaben noch navigierbarer zu machen.

- **Gemeinschaft des Entdeckens:** Teilen Sie Ihre Entdeckungen und werden Sie Teil einer Crew von Gleichgesinnten, die sich für Agilität und Transformation einsetzen.

So setzen Sie Ihre Bewertungssegel auf Amazon

1. **Anker lichten auf Amazon:** Steuern Sie Ihren Browser oder die Amazon-App an.

2. **Auf Kurs nach dem Buch:** Suchen Sie nach "Verirrt im Ozean der Agilität" und öffnen Sie die Buchseite.

3. **Finden Sie den Hafen der Bewertungen:** Scrollen Sie zur Sektion "Kundenrezensionen".

4. **Setzen Sie die Sterne am Himmel:** Wählen Sie zwischen 1 (kaum Wind) und 5 (Volle Segel) Sternen für Ihre Bewertung.

5. **Ihre Geschichte erzählen:** Klicken Sie auf "Eine Rezension schreiben". Schildern Sie Ihre Reise mit dem Buch – was hat Ihnen

den Weg erleuchtet, welche Stürme hätten vermieden werden können?

6. **Ihre Botschaft in die Flasche:** Überprüfen Sie Ihre Rezension und senden Sie sie dann auf die Reise.

Vielen Dank, dass Sie Teil dieser großen Expedition sind. Ihre Worte sind wie der Wind in unseren Segeln – sie treiben uns und andere mutige Seelen voran, die sich in das unbekannte Meer der Agilität wagen.

Mit abenteuerlichen Grüßen
René Schröder